los astros

por Marcie Aboff
ilustrado por Damali Danforth

Scott Foresman
is an imprint of

Glenview, Illinois • Boston, Massachusetts • Chandler, Arizona
Upper Saddle River, New Jersey

Every effort has been made to secure permission and provide appropriate credit for photographic material. The publisher deeply regrets any omission and pledges to correct errors called to its attention in subsequent editions.

Unless otherwise acknowledged, all photographs are the property of Pearson.

Photo locations denoted as follows: Top (T), Center (C), Bottom (B), Left (L), Right (R), Background (Bkgd)

Illustrations by Damali Danforth

Photograph 8 GRIN/NASA

ISBN 13: 978-0-328-53336-7
ISBN 10:   0-328-53336-X

Copyright © by Pearson Education, Inc., or its affiliates. All rights reserved. Printed in the United States of America. This publication is protected by copyright, and permission should be obtained from the publisher prior to any prohibited reproduction, storage in a retrieval system, or transmission in any form or by any means, electronic, mechanical, photocopying, recording, or likewise. For information regarding permissions, write to Pearson Curriculum Rights & Permissions, One Lake Street, Upper Saddle River, New Jersey 07458.

Pearson® is a trademark, in the U.S. and/or other countries, of Pearson plc or its affiliates.

Scott Foresman® is a trademark, in the U.S. and/or other countries, of Pearson Education, Inc., or its affiliates.

2 3 4 5 6 7 8 9 10 V0N4 13 12 11 10

Graciela miraba el cielo antes de acostarse.
Quería viajar entre los astros.
Quería viajar a la Luna y las estrellas.
Quería viajar a otros planetas.

Graciela quería dibujarse en el espacio.
Primero dibujó con un lápiz.
Después lo pintó todo de colores.
Dibujó las estrellas y la Luna.

Su dibujo era muy grande.
No le cabían los planetas en el papel.
Probó con una hoja más grande.
Aún no tenía suficiente espacio.

Graciela tuvo una gran idea.
Sacó una caja de tizas.
Tomó una verde, una roja y una azul.
Corrió a la calle con sus tizas de colores.

Graciela trazó una línea y luego otra.
Dibujó la Luna, las estrellas y los planetas.
Hizo una nave espacial con un letrero.
Sobre la nave escribió su nombre.

Viajeros en el espacio

Los viajeros del espacio exploran el espacio exterior. Durante mucho tiempo se entrenan y hacen pruebas para prepararse para estos viajes. Alan Shepard fue el primer estadounidense que viajó al espacio en 1961. Luego, Neil Armstrong caminó en la Luna en 1969. Fue la primera persona en hacerlo. En 1998, muchos países comenzaron a construir una estación espacial en el espacio. Muchas personas viajan a la estación espacial. Viven y trabajan allí. Luego regresan a la Tierra.